Celebramos que somos TÚ y YO

Muchas maneras de CREER

Christy Peterson

ediciones Lerner ◆ Mineápolis

¡En Sesame Street, celebramos a todos!

En esta serie, los lectores explorarán las diferentes maneras en las que comemos, nos vestimos, jugamos y más. Reconocer nuestras similitudes y diferencias les enseñará a los pequeños a estar orgullosos de sí mismos y a apreciar el mundo que los rodea. Juntos, podemos ser más inteligentes, más fuertes y más amables.

Saludos. Los editores de Sesame Workshop

Contenido

Respeto a las creencias 4

Todo sobre las religiones 6

¡Me da orgullo ser quien soy! 20

Glosario. 22

Más información . . 23

Índice 24

Respeto a las creencias

Muchas personas profesan una religión, es decir, un conjunto de creencias.

Aprender sobre las religiones me ayuda a respetar a los demás.

Todo sobre las religiones

Algunas personas tienen un lugar en el que se juntan para practicar su religión.

Algunas personas se reúnen en una iglesia, un templo o una mezquita.
Algunas veces ese lugar es en el exterior.

Algunas personas usan vestimentas especiales por su religión. Algunas personas usan una prenda que les cubre la cabeza o el cabello, como patkas, kipás o hiyabs.

¡Hay todo tipo de prendas para cubrir la cabeza! Elmo cree que son todas especiales.

Muchas de las religiones celebran festividades. Las familias y los amigos se reúnen para hacer actividades tradicionales juntos.

Mi familia celebra Diwali,
el festival de las luces.
Una de nuestras tradiciones
es encender velas.

La mayoría de las religiones tienen tradiciones.
Las tradiciones son una determinada manera de pensar o hacer algo.
Con frecuencia se pasan de una generación a otra.

Las comidas especiales son una parte importante de las festividades. Algunas personas comienzan su festejo de Eid al-Fitr con un dátil.

Este alimento
es parte de la
celebración de
la Pascua judía.

La música es importante para una gran cantidad de religiones. Los bhajans son canciones especiales para las personas que practican el hinduismo.

Me encanta cantar con mi familia y amigos.

Las personas tienen muchas creencias diferentes. Lo más importante es que nos demostremos respeto y amabilidad unos a los otros.

Las creencias de cada persona son importantes.

¡Me da orgullo ser quien soy!

Encuentra una hoja de papel y algo con lo que dibujar. Haz un dibujo de cómo practicas tu religión o tus valores.

¡Valoramos
la amistad!

Glosario

celebración: un acontecimiento que se lleva a cabo por una ocasión especial, como un cumpleaños o festividad

creencia: una idea que una persona o comunidad considera verdadera

festividad: un acontecimiento cultural o religioso importante

respeto: el sentimiento de que alguien o algo es importante y se lo debe tratar como tal

tradición: una manera de pensar o hacer algo que las personas han usado durante un tiempo prolongado

Más información

Bullard, Lisa. *A Special Invitation: All Kinds of Religions.* Mineápolis: Lerner Publications, 2022.

Ganeri, Anita. *All Kinds of Beliefs*. Nueva York: Crabtree, 2020.

Yuksel, M. O. *In My Mosque*. Nueva York: Harper, 2021.

Índice

comidas, 14
creencias, 4, 18
festividades, 10, 14
música, 16
respeto, 18
ropa, 8

Créditos por las fotografías

Créditos de las imágenes: GagliardiPhotography/Shutterstock.com, p. 4 (arriba); Rawpixel.com/Shutterstock.com, p. 4 (izquierda abajo); Golden Pixels LLC/Shutterstock.com, p. 4 (derecha abajo); Meinzahn/iStock/Getty Images, p. 6 (arriba); Mint Images/Getty Images, p. 6 (izquierda abajo); Ray Tan/iStock/Getty Images, p. 6 (derecha abajo); Nobutoshi Akao/Moment via Getty Images, p. 7; IndiaPix/IndiaPicture/Getty Images, p. 8 (arriba); Adam Berry/Alamy Stock Photo, p. 8 (abajo); Jasmin Merdan/Moment/Getty Images, p. 9; photosindia/Getty Images, p. 10; Tetra Images/Getty Images, p. 13; Elena Eryomenko/Shutterstock.com, p. 14; New Africa/Shutterstock.com, p. 15; Christophe Boisvieux/The Image Bank/Getty Images, p. 16; Chris Pancewicz/Alamy Stock Photo, p. 17; FatCamera/E+/Getty Images, p. 18 (arriba); Ariel Skelley/DigitalVision/Getty Images, p. 18 (izquierda abajo); kali9/E+/Getty Images, p. 18 (derecha abajo); Inna Kirkorova/Shutterstock.com, p. 20.

Portada: Mayur Kakade/Moment/Getty Images (arriba); Rawpixel.com/Shutterstock.com (en el medio); Drazen Zigic/Shutterstock.com (abajo).

Crédito por la consulta de contenidos: Dr. Yvonne Chireau

La traducción al español fue realizada por Zab Translation.

ediciones Lerner
Una división de Lerner Publishing Group, Inc.
241 First Avenue North
Mineápolis, MN 55401, EE. UU.

Si desea averiguar acerca de niveles de lectura y para obtener más información, favor consultar este título en www.lernerbooks.com.

Fuente del texto del cuerpo principal: Mikado. Fuente proporcionada por HVD.

Library of Congress Cataloging-in-Publication Data

Names: Peterson, Christy, author.
Title: Muchas maneras de creer / Christy Peterson.
Other titles: Many ways to believe. Spanish | At head of title: Sesame Street
Description: Mineápolis : ediciones Lerner, [2026] | Series: Celebramos que somos tú y yo con Sesame Street | Translation of: Many ways to believe. | Includes bibliographical references and index. | Audience: Ages 4–8 | Audience: Grades K–1 | Text in Spanish. Translation from English. | Summary: "There are many ways to believe! Learn with friends from Sesame Street about religions, holidays, cultures, customs, and more. Now in Spanish!"—Provided by publisher.
Identifiers: LCCN 2024050292 (print) | LCCN 2024050293 (ebook) | ISBN 9798765668177 (library binding) | ISBN 9798765683385 (paperback) | ISBN 9798765674178 (epub)
Subjects: LCSH: Religion—Juvenile literature. | Religions—Juvenile literature.
Classification: LCC BL48 .P42518 2025 (print) | LCC BL48 (ebook) | DDC 200—dc23/eng/20241203

LC record available at https://lccn.loc.gov/2024050292
LC ebook record available at https://lccn.loc.gov/2024050293

Fabricado en los Estados Unidos de América
1-1011890-53750-1/21/2025